AF363985

CATALOGUE

D'UNE COLLECTION

DE

LETTRES AUTOGRAPHES

PROVENANT DE LA

Succession de feu M. COCHELET

ANCIEN CONSUL DE FRANCE

DONT LA VENTE AURA LIEU

Rue des Bons-Enfants, 28

SALLE N° 4

Le Jeudi 24 Mai 1860, à 7 heures du soir,

Par le ministère de M⁰ **BOULOUZE**, Commissaire-Priseur,
rue Ollivier, 14.
Assisté de **M. CHARAVAY.**

PARIS

CHARAVAY, LIBRAIRE

Expert en autographes

RUE DES SAINTS-PÈRES, 18

1860

AVIS.

Il y aura, chaque jour de vente, Exposition de une heure à trois.

On aura huit jours pour la vérification des pièces. Passé ce délai, aucune réclamation ne sera admise.

Il sera perçu 5 centimes par franc, en sus des adjudications, applicables aux frais de vente.

M. Charavay, chargé de la vente, remplira les commissions qu'on voudra bien lui confier.

CATALOGUE

DE

LETTRES AUTOGRAPHES

—‹‹‹ ◊ ›››—

1. ACADÉMIE FRANÇAISE. 7 lettres aut. sig.
CHOISEUIL GOUFFIER, GUIZOT, ROEDERER, SÉGUR père, SICARD, SUARD et MONTESQUIOU.

2. ALEXANDRE Ier, empereur de Russie.
L. aut. sig., à Mlle Cochelet. Paris, 17 juil, 1815, 1 p. 1/2 in-8. *Rare et curieuse.*

3. LE MÊME.
L. aut. paraphée, à la même. Paris, 1814, 1 p. 1/2 in-4.

4. LE MÊME.
L. aut. sig., à la même. 1 p. 3/4 in-4.

5. AUGUSTE DE BAVIERE, épouse d'Eugène Beauharnais.
L. aut. sig., à Mlle Cochelet. Munich, 1819, 2 p. in-8. Enveloppe et cachet.

6. LA MÊME.
L. aut. sig., à la même. Eichstett, 1820, 1 p. 3/4 in-12. Enveloppe et cachet.

7. LA MÊME.
L. aut. sig., à la même. Munich, 3 mars 1815, 2 p. 1/2 in-4.

8. LA MÊME.
Deux let. aut. sig., à la même. Munich, 1817 et 1818, 5 p. in-8 ou in-4. Avec entourage gauffré.

9. BEAUHARNAIS (le prince Eugène), vice-roi d'Italie.
L. aut. sig., à sa mère. Cornegliano (9 mai 1809), 2 p. in-4.
Annonce d'une grande victoire remportée par l'armée d'Italie, qu'il commande en chef, et qui vient de passer la Piave devant toute l'armée autrichienne. Enumération des résultats de la bataille. « J'espère, dit-il, que l'Empereur sera content de nous. » Il ne pense maintenant qu'à poursuivre ses succès. (Il manœuvrait pour faire sa jonction avec l'empereur, sous les murs de Vienne.)

10. LE MÊME.
L. aut. sig., à Mlle Cochelet. Milan, 1808, 1 p. pl. in-4.

11. LE MÊME.
L. aut. sig., à la même. Baaden, 1818, 3 p. pl. in-4.

12. LE MÊME.
L. aut. sig., à la même. Munich, 1820, 2 p. pl. in-4.

13. LE MÊME.
L. aut. sig., à la même. Eichstett, 2 p. 1/2 in-8.

14. LE MÊME.
Trois L. aut. sig., à la même. 4 p. in-8, et 2 p. 1/2 in-4.

15. BEAUHARNAIS (le prince Eugène), vice-roi d'Italie.

Trois L. aut. sig., à la même, 1816-18, 8 p. in-4.

16. LE MÊME.

Trois L. aut. sig., chacune de 2 p. in-4, à la même, 1822.

17. LE MÊME.

Trois L. dont 1 aut. sig. et 2 aut., à la même, 4 p. in-4; plus 3 L. sig., à M. Cochelet.

18. BEAUMARCHAIS (CARON DE), auteur dramatique et littérateur.

L. aut. sig., au ministre Benezech. An v, 1 p, in-4.
Recommandation en faveur de la citoyenne Vestris.

19. BONAPARTE, général en chef de l'armée d'Égypte.

L. sig. Au Caire, an VII, 3/4 de p. in-fol. Tête imp.

20. BONAPARTE (LUCIEN), frère de Napoléon Ier.

L. aut sig., 3/4 de p. in-4. Cachet.

21. BONAPARTE (LOUIS), roi de Hollande.

L. aut. sig., à Mme de Broc. Paris, 1810, 1 p. 1/2 in-4.
Lettre de condoléance sur la mort de son mari.

22. BONAPARTE (JULIE), épouse de Joseph, roi d'Espagne.

L. aut. sig., à Mlle Cochelet. Francfort, 1819, 2 p. pl. in-8.

23. LA MÊME.

Quatre L. sig., à Mme Parquin, 1824, 1826 et 1831, 7 p. in-8 ou in-4.

24. BOUFFLERS (le chevalier de), poète, de l'Académie française.

L. aut. sig, terminée par un post-scriptum aut. de sa femme, à Mlle Cochelet, 30 mai 1814, 1 p. 1/2 in 4.

25. BUGEAUD, duc d'Isly, maréchal de France.

L. aut. sig., au colonel Combes, à Bône. Oran, 1837, 2 p. 1/2 in-4.
Il remercie le colonel de l'avoir défendu contre ses ennemis (à propos du traité de la Tafna). Il a fait rompre le monopole de Durand (le fameux juif négociateur); mais le gouvernement, intimidé par la presse, a refusé les 100,000 Boudjous d'Abd-el-Kader. « Adieu mes routes, adieu les gratifications que je voulais donner à quelques officiers. Vous jugez que cela augmente mon amour pour cette bonne presse. »

26. CALMET (dom AUGUSTIN), savant bénédictin.

L. aut. sig., 1712, 3 p. pl. in-4. Légère déchirure par la fracture du cachet.

27. CAMPAN (Mme GENEST), première femme de chambre de Marie-Antoinette, surintendante de la Maison impériale d'Écouen, auteur de *Mémoires*.

L. aut. sig., à Mlle Cochelet. 30 janv. 1807, 5 p. in-4.
Nouvelles de la maison d'Écouen. Portrait de mademoiselle de la Pagerie, peint par mademoiselle Geoffroy. Le don fait par la reine Hortense à la fondation pieuse de la barrière du Trône, a produit le meilleur effet dans toute la vieille société. — Horrible accident arrivé dans la ville de Leyde. « Quels événements vous avez trouvés en Hollande en y retournant, combien le roi a en occasion d'y faire juger ses excellentes qualités, et combien la reine aura trouvé de sujets d'émotion, car, sûrement, elle visitera les malheureux réfugiés à la Maison du Bois... »

28. LA MÊME.

1o L. aut., à la même. Berci, 24 août 1817, 8 p. pl. in-4.
Belle et curieuse épître, où elle donne des nouvelles de Paris. Une pièce jouée aux Variétés, où l'on ridiculisait les garçons de boutique appelés *calicots*, qui ont pris la mode de porter des moustaches, a soulevé toutes les demi-

armes de Paris contre l'auteur. L'affaire fût devenue grave, si celui-ci n'eût mit à la pièce un prologue conçu de manière à calmer ces jeunes gens. Citation des couplets chantés dans ce prologue. — Réfutation d'un ouvrage où lady Morgan maltraite fort les Français, et aussi les françaises, qu'elle accuse de ne travailler à aucun des ouvrages de leur sexe : « Elle se trompe lourdement. Il n'y en a point de plus habiles dans tous les genres de broderies, de couture; et un grand nombre de dames font des fleurs artificielles et des modes... madame de Genlis est une des femmes françaises qui ait porté le plus loin le goût et la perfection des ouvrages d'aiguille et de broderie... Un jour un homme de lettres entra chez madame Cottin, et la trouva devant une table chargée de chemises, qu'elle venait de tailler... »
2º Let. aut. sig., à la même. 4 fév. 1806, 2 p. in-4.

29. LA MEME.
L. aut. sig., à la même. 26 mars 1810, 2 p. pl. in-4.
Belle lettre, relative à la mort de M. de Broc et à la reine Hortense : « Si notre chère reine peut se bien porter, elle est faite pour inspirer de véritables sentiments d'estime à la jeune princesse (l'impératrice Marie-Louise), et le temps viendra calmer toutes les douleurs... »

30. LA MEME.
L. aut. sig., à la même. 10 juin 1810. 3 p. in-4.
Belle lettre, relative à une visite de l'impératrice Marie-Louise à la maison d'Ecouen. Inquiétude sur la santé de la reine Hortense : « Je crains quelquefois être une des personnes qui reviennent le moins à son esprit. Elle est toujours présente au mien. Je ne cesse de parler de ses vertus, de son amabilité ; personne ne peut la connaître sans l'aimer... »

31. LA MEME.
1º L. aut. sig., à la même. 19 juin 1814, 2 p. 1/2 in-4. Un peu endommagée par la rupture du cachet.
Elle aime la reine Hortense comme une fille chérie : « Les grandes et profondes affections, quoiqu'on mérite de les faire naître, ne germent pas toujours dans tous les cœurs. Elles sont dans le mien pour cette chère reine, que j'appellerai constamment madame la duchesse, parce que sa position politique l'exige... d'ailleurs, cette couronne a eu tant de pointes pour cette chère tête, qu'elle peut être bien heureuse encore sans en conserver le titre, dénué de ses glorieux appanages. »
2º L. aut. sig. à la même, 10 août 1806, 1 p. in-4.

32. LA MEME.
1º L. aut. à la même. Ecouen, 2 p. pl. in-4. Belle pièce avec tête de lettre imprimée de la Maison impériale d'Ecouen.
2º L. aut. sig. 1806, 2 p. 1|2 in-4.

33. LA MEME.
1º L. aut. sig., à la même. 5 mars 1807, 2 p. in-4. — 2º L. aut. 9 mai 1810. 3 p. 3/4 in-4. *Deux jolies lettres.*

34. LA MEME.
1º L. aut. sig., à la même, 2 p. 1/2 in-4. — 2º L. aut., 15 avril 1807, 4 p. pl. in-4. *Belles pièces.*

35. LA MEME.
1º L. aut. sig., à la même. 29 sept. 1807, 1 p. 1/4 pet. in-4. — 2º L. aut. 23 mars 1807, 3 p. 1/2 in-4.

36. LA MEME.
1º L. aut., à la même. 4 janvier 1808, 3 p. pl. in-4, avec tête imprimée de la Maison d'Ecouen. 2º L. aut. sig. Ecouen, 31 mars 1811, 2 p. in-4.

37. LA MEME.
1º Let. aut. sig., à la même, 23 nov., 2 p. in-4. — 2º L. aut., Mantes, 16 juin 1816, 4 p. pl. in-4.

38. LA MEME.
Dix-huit L. aut., à la même, 1805-1821, 53 p. in-8 ou in-4.

39. CATHERINE DE WURTEMBERG, reine de West-
phalie, deuxième femme de Jérôme Napoléon.
L. aut. sig., à la reine Hortense. Trieste, 9 nov. 1821, 1 p. 1/4
in-8. *Jolie lettre.*

40. CAULAINCOURT, duc de Vicence, grand écuyer de
l'empereur, et diplomate.
L. aut sig., à Mlle Cochelet, 1814, 1 p. 1/4 in-4. *Intéressante.*

41. CHATEAUBRIAND (le vicomte de), de l'Académie
française.
L. aut. sig. 1827, 1 p. 1/4 in-4. *Jolie lettre.*

42. CHAUVELIN (F.-B , marquis de), diplomate, ambas-
sadeur de France à Londres en 1792 et 1793.
Quatre L. aut. sig., à M. Cochelet. Gironne (Espagne), Citeaux
et Paris, 1813-1831, 6 p. in-4.

43. COLIGNY (GASPARD DE), grand amiral de France, assassiné pendant la Saint-Barthélemy.
.L. sig., avec la souscription aut.; Abbeville, 20 sept. 1555
1 p. pl. in-fol., Cachet. Pièce militaire.

44. COURLANDE (DOROTHÉE, duchesse de), amie de Talleyrand.
L. aut. sig., à Mlle Cochelet, 1 p. in-18.

45. DALBERG (Charles de). archi-chancelier de l'empire
d'Allemagne, prince-primat de la confédération du
Rhin, aussi célèbre par son savoir que par son admiration pour Napoléon Ier.
Quatre L. aut. sig., à Mlle Cochelet. Paris, Francfort et Acha-
fenbourg, 1808, 6 p. in-4 ou in-8.

46. LE MÊME.
Sept L. aut. sig., à la même, Francfort, Fuld, Aschafenbourg
et Paris, 1809-1812. 9 p. in-4 et 3 in-8.

47. LE MÊME.
L. aut. sig., à la même. Ratisbonne, 28 janv. 1817, 2 p. in-4.
Il exprime ses sentiments d'admiration enthousiaste pour le prince Eugène
et la reine Hortense, sentiments que les circonstances ni le temps n'ont al-
térés. « Quand je cherche dans mes pensées l'idéal des qualités héroïques et su-
blimes, je vois le frère, et dans la sœur je contemple l'image des grâces et des
talents, présents à mes pensées! L'âme céleste de l'impératrice Joséphine s'est
reproduite dans ses deux enfants en leur donnant l'existence. »

48. LE MÊME.
Cinq L. aut. sig., à la même. Sans date, 3 p. in-4 et 1/2 p. in-8.

49. DIVERS. Six lettres.
PAER, compositeur. L. aut. sig., 1 p. in-8. — DAMOREAU-CINTI
(Mme), cantatrice. L. aut. sig., 1 p. in-4. Légèrement tachée
d'huile. — ENFANTIN. Bil. aut. sig., 1/2 p. in-8. — SAY (J.-B.
et HORACE). L. aut. sig., 1 p. 1/2 in-4. — FLEURY (le cardinal).
Bil. aut., 1/3 de p. in-8.

50. FIESCHI (Joseph), régicide.
L. aut. sig., à M. Lavocat, directeur des Gobelins. Paris,
18 août 1835, 1 p. 1/2 in-4.

51. FLORIAN (le chevalier de), de l'Académie française.
Fragment aut. d'une de ses pièces de théâtre, 2 p. in-4.

52. FONTANES, poète et homme d'Etat, de l'Académie
française.
L. aut. sig., à Mlle Cochelet, 1 p. in-4. *Jolie lettre.*

53. FOUCHÉ (Joseph), *duc d'Otrante*, conventionnel et
ministre de la police.

L. aut. sig., à Mlle Cochelet. (Dresde), 10 mai (1816), 2 p. pl.
in-8.

Il voudrait aller en Suisse pour prendre les eaux avec elles (mademoiselle Cochelet et la reine Hortense) ; mais il est obligé de s'imposer la plus grande réserve, car, dans un temps où l'on mêle la politique à tout, les choses les plus simples paraissent graves. Ceux qui ont voulu son éloignement doivent se contenter de sa résolution de rester à l'étranger, et ne rien demander de plus : « Faut-il leur souhaiter des succès ? Ce serait un effort au-dessus du cœur humain et peut-être un vœu contraire aux intérêts de notre patrie. »

54. LE MÊME.

L. aut. sig., à la même. Carlsbad, 3 juin 1818, 2 p. pl. in-8.

55. LE MÊME.

L. aut. sig., à la même. Dresde, 5 juin (1818), 1 p. 3/4 in-8.

Elle a raison de croire qu'elle a fait sa conquête. Il a rêvé qu'il la retirait du lac de Constance, où elle était prête à se noyer. — Il fait des projets de voyage, et tous ont pour but de se rapprocher de la reine Hortense. Il n'a aucun désir de rentrer en France. « Nous n'y trouverions plus que des acteurs inconnus, qui se heurtent au gré du sort, sur le cadavre de la patrie. Toutefois, comme je ne crois pas à l'*éternité* des peines, je conserve de l'espérance : le ciel ne sera pas toujours d'airain ; nous serons un jour rappelés en France, et nous y trouverons *indépendance* et *sécurité*, sans lesquelles il ne peut y avoir de vrais biens dans la vie. »

56. FRÉDÉRIC-LOUIS, duc de Mecklembourg-Schewrin, père de la duchesse d'Orléans.

L. aut. sig., à Mlle Cochelet. 1808, 2 p. in-4. Cachet. *Jolie lettre.*

56 bis. LE MÊME.

Deux L. aut sig., à la même. 1808, 3 p. 1/4 in-8.

57. LE MÊME.

L. aut. sig., à la même. 1809, 2 p. in-4. Cachet.

58. GAY (Delphine), poète.

Pièce de vers de cinq strophes, aut. sig., 1 p. pl. in-4. —
L. aut. sig., de Sophie Gay, 1 p. pl. in-4.

59. GENERAUX ET MARECHAUX DE FRANCE.

8 lettres autographes signées.

Petit, Bertrand, Magnan, Lafayette, Latour-Maubourg, etc. — Plus six L. ou pièces sig.

60. GENLIS (Mme de), femme de lettres distinguée.

Vers pour Mlle Cochelet. Pièce aut. sig., 1813, 3/4 de p. in-4.

61. GUISE (Fr. de Lorraine, duc de), assassiné par Poltrot.

L. sig., avec la souscription aut., à l'évêque de Mayence.
28 juin 1560, 1 p. in-fol. *Belle pièce.*

62. HUMBOLDT (Alex. de), illustre savant prussien.

L. aut. sig., à M. Cochelet. Paris, 1822, 2 p. in-4. *Très-belle pièce.*

63. ISABEY père, peintre de portraits de l'empereur
Napoléon Ier.

L. aut. sig., à Mlle Cochelet. Paris, 26 déc. 1815, 2 p. 1/2 in-4.
Papier à entourage gauffré.

Relative aux portraits de mademoiselle Cochelet et de la duchesse (la reine Hortense). « Le vôtre est bien... Je suis pour la peinture ce qu'est un amant pour sa maîtresse ; j'aime à entendre dire elle est aimable, elle est faite pour faire oublier tous les chagrins de la vie... Bien que le jour je fasse des portraits, le soir encore je dessine tout ce qui me vient par la tête : histoire sacrée, romans, paysages, folies... »

64. KRUDENER (la baronne de), fameuse illuminée, la nymphe Égérie de l'empereur Alexandre.

L. aut. sig. *Kr.*, à Mlle Cochelet. Crentzach, près de Basle. 8 mars 1817. 4 p. pl. in-8.

Epitre curieuse, d'un mysticisme délirant. — La terrible crise s'avance; la France va être châtiée; si le jugement a été retardé, c'est à l'ange (l'empereur Alexandre) qu'on le doit. — Elle exhorte mademoiselle Cochelet à prier, à ne regarder que lui (Jésus-Christ). Même exhortation à son amie (la reine Hortense), pour qui, d'ailleurs, il n'y a rien à craindre. « J'ai écrit nouvellement à *l'ange* que vous aimez. Qu'elle ne s'inquiète pas de l'avenir... Que Dieu seul sait *tout, tout, tout*. La grande séparation va se faire de la lumière et des ténèbres. » Elle annonce que le nombre des conversions, des confessions et des miracles est si grand qu'elle ne peut trouver un moment pour écrire.

65. LA MÊME.

L. aut., à la même. G., près Basle, 11 sept. 1816, 4 p. pl. in-8. *Lettre incomplète de la fin, et où il ne paraît manquer que la formule de politesse.*

Elle fait part à mademoiselle Cochelet de ses prédications et de ses miracles, de l'affluence qui se presse autour d'elle. Les autorités de Bâle entravent ses réunions, mais sans oser lui rien dire, à elle.

66. LA MÊME.

1° L. aut., à la même, 4 p. pl, in-8. *Incomplète du commencement.*

Elle ne peut accepter le voile que lui destine l'amie de mademoiselle Cochelet (la reine Hortense). « J'ai dû renoncer à toutes les vanités, et si je l'avais, je le vendrais pour les pauvres, dont la triste misère me fait peine chaque jour... » Curieux détails sur la simplicité de l'ameublement de sa maison et de ses habits pendant qu'elle habitait la capitale. « Combien, au milieu de Paris, ont étais frappé de voir courageusement braver les convenances dont on est esclave, et montrer par la liberté de ceux qui sont enlevés à tous ces faux biens, combien ils sont plus heureux... »

2° Deux curieuses lettres écrites au nom de Mme de Krudner. Paris et Schaffhausen, 1815 et 1817, 7 p. in-4.

67. LACRETELLE jeune (CH.), publiciste et historien, de l'Académie française.

1° Rapport aut. sig., comme censeur, au directeur de la librairie, sur la *Vie de Marie Leczinska* par l'abbé Proyard. 25 déc. 1812, 1 p. pet. in-fol.

Il se prononce contre la réimpression de cet ouvrage, qui n'est qu'un roman ascétique, où la reine est représentée comme une sainte Thérèse. L'auteur, grand partisan des jésuites, s'attache à faire connaître les nombreux enfants de Louis XV, et c'est le plus grand danger du livre. « Il ne faut pas habituer les âmes à ce genre de vénération pour les membres d'une dynastie qui a cessé de régner. »

2° L. aut. sig., 3/4 de p. in-4.

68. LAMARTINE (ALPH. DE), poète, de l'Académie française.

L. aut. sig., 1 p. in-8.

69. LAVALETTE (le comte de), directeur des postes sous l'empire, célèbre par son évasion.

L. aut. sig. de son initiale, à Mlle Cochelet, (3 août 1813), 3 p. pl. in-8, d'une écriture fine et serrée.

Epitre charmante, fort agréablement écrite. Entre autres nouvelles de Paris, il raconte à mademoiselle Cochelet un duel qui vient d'avoir lieu au bois de Boulogne entre Elleviou et M. de Bieville, à propos d'une dame, sous le chapeau de laquelle le célèbre chanteur était venu fourrer son nez. « L'autre le trouva mauvais, et l'appela Tabarin ou Ramponeau, ou quelque chose d'approchant. Le délicieux Elleviou se fâcha, il fallut se battre, et en attendant que les apprêts fussent terminés, il se mit à chanter tout seul un duo... »

70. **LAVALETTE** (le comte de), directeur des postes sous l'empire, célèbre par son évasion.

L. aut. paraphée, à la même. (Bavière, avril 1816), 2 p. pl. in-8.

La sœur de mademoiselle Cochelet se proposant de le visiter dans sa retraite, il la prie de n'en rien faire, car elle pourrait se compromettre. « Les victimes peuvent perdre la mémoire, mais jamais les persécuteurs. Les miens ne me pardonneront jamais le mal qu'ils m'ont fait, et celui qu'ils voulaient me faire... » Il craint d'être obligé de quitter sa retraite. « Que cela serait triste. Où irais-je? J'ai passé trois mois bien tristes, et malgré que je me sente encore du courage, je ne sais si j'en aurais assez pour soutenir de nouveaux malheurs... »

71. **LE MEME.**

1° L. aut. sig., à la même. 2 p. 3/4 in-4.

Jolie lettre, avec un rébus dessiné à la plume par le comte, sous la dictée de madame Mollien. « C'est l'emblème d'une aventure qui vous est arrivée, et dont vous n'avez jamais voulu confier que la moitié. »

2° L. aut. paraphée, à la même. (Bavière, 1817), 3 p. pl. in-18.

Les persécutions redoublent contre lui. Il a écrit à Paris pour purger sa contumace, et il attend une réponse. « Si elle est conforme à mes vœux, je pars à l'instant. C'est un second duel avec la justice, ou plutôt ses suppots. Dieu en décidera. Je sais bien qu'il sera difficile d'éviter quelques années de prison, quoique je ne les mérite pas, mais du moins j'aurai conquis mon nom, mon rang dans le monde, et cela servira à mes pauvres enfants. »

72. **LE MEME.**

L. aut., à la même. Jeudi, 3 p. 1/2 in-4. *Belle pièce.* Plus un billet aut., 1 p. in-18.

73. **LE MEME.**

1° L. aut. sig., à la même. 23 juin, 2 p. in-4. — 2° L. aut., 10 août, 1 p. 1/2 in-8.

74. **LE MEME.**

Trois L. aut., à la même. (Bavière, 1818), 7 p. 1/2 in-8.

75. **LE MEME.**

Trois L. aut., à la même. Bavière, (1818-1820), 6 p. in-8.

76. **LAVATER** (Gaspard), créateur de la physiognomonie.

Bil. aut. sig. de 18 lignes, en français, Sur un carré de papier, avec entourage imprimé en 1800.

77. **LORRAINE** (ducs de). Cinq lettres signées.

Nicolas d'Anjou, 1471, 1 p. in-4. — Antoine, dit *le Bon*. 1/2 p. in-4. Cachet. — Charles III, dit *le Grand*, 1596, 1 p. in-fol. — Henri II, 1608, 1 p. in-fol., et Charles IV, 1630, 1 p. in-fol.; Cachet. Les quatre premières sont adressées au chapitre de Saint-Dié. Ce lot pourra être divisé.

78. **LOUIS XVI**, roi des Français.

L. aut. sig., à Necker. (Commencement de 1789), 1/2 p. in-8., Cachet.

79. **MARCHAND**, valet de chambre de Napoléon, à Ste-Hélène.

L. aut. sig., au colonel Parquin. 17 sept. 1832, 2 p. 1/2 in-8.

Le roi de Rome étant mort, l'épée de l'empereur doit revenir à l'aîné de la famille (Napoléon III), qui a manifesté le désir de l'avoir. C'était l'opinion de Montholon, à Sainte-Hélène, et le général Bertrand, dépositaire de cette épée, doit la remettre au prince. « Mes sentiments seront toujours invariables pour le grand homme!... et son auguste famille. Toutes mes actions, depuis mon départ de Sainte-Hélène, ont toujours été soumises à ce que je dois à la mémoire de l'empereur. »

80. **MARIE-LOUISE**, impératrice des Français.

L. aut. sig., à la reine Hortense. Cherbourg, 27 août 1813, 1 p. in-8. Enveloppe et cachet.

Relative à son voyage à Cherbourg avec l'empereur.

81. MAUROCORDATO (le prince A.), célèbre homme d'état grec.

L. aut. sig.. à M. Cochelet. 7 mai 1835, 1 p. 1/1 in-4. Pièce politique.

82. MINISTRES. Dix lettres autographes signées.

BARROT (Ferd), DECAZES, MARET, MARTIGNAC, MOLLIEN, etc. — Plus 12 lett. ou pièces sig.

83. MONTHOLON ET BERTRAND, compagnons de Napoléon à Sainte-Hélène.

Deux L. aut. sig., 2 p. in-8 ou in-4.

84. MONTMORENCY (Anne de), connétable de France.

L. sig., avec la souscription aut., 1551, 1 p. in-4.

85. MORGAN (Lady), romancière et publiciste.

L, aut. sig., en français, à M. Cochelet, 2 p. in-8. Cachet.

86. NAPOLÉON Ier, empereur des Français.

Lettre patente sur vélin, sig. *N.* avec paraphe, 1813, double in-fol. — Apostille sig. *N.*, 1812, 1 p. 1/2 in-fol.

87. NEGRIER (le général), tué à Paris pendant les journées de juin.

L. aut. sig. Paris, 1847, 3 p. pl. in-4.

88. NESSELRODE (le comte de), habile diplomate russe.

Deux Lettres aut. sig. N., à Mlle Cochelet. Paris, 1814, 3 p. in-8.

89. ORLEANS (L.-M.-ADÉLAIDE DE BOURBON, duchesse d'), mère du roi Louis-Philippe.

L. aut. sig., 1814, 1/2 p. in-4.

90. PRASLIN (FANNY SÉBASTIANI, duchesse de), assassinée par son mari.

L. aut. sig., à la baronne d'André, 3 p. pl. in-8. Cachet.

91. PUKLER-MUSKAU (le prince), célèbre touriste en Orient, auteur de *Mémoires*.

L. aut. sig., en allemand. Bade, 1857, 1 p. 3/4 in-8.

92. QUINAULT (Mlle), célèbre soubrette de la Comédie française.

L. aut., à Mme de Grafigny. 1 p. in-4. Cachet. *Jolie lettre*.

93. RÉNÉ D'ANJOU, dit *le Bon*, duc de Lorraine, roi de Sicile et comte de Provence.

Pièce sig. sur vélin. En nostre chasteau de Quemes, 23 sept. 1463, 1 p. in-4.

Relative à l'administration de la justice dans le village de Vignoy (Meuse).

94. RENÉ II, duc de Lorraine, qui battit Charles-le-Téméraire à Morat.

L. sig., au chapitre de Saint-Dié. Nancy, 26 avril 1484, 3/4 de p. in-fol. en travers. *Jolie pièce*.

95. ROBERT (LÉOPOLD), peintre célèbre.

L. aut sig., à M. Marcotte. Venise, 25 déc. 1853, 3 p. pl. gr. in-8.

Relative à un petit tableau qu'il lui a envoyé, et qu'il ne juge pas assez important pour être mis seul à l'exposition cette année. « En France, ce n'est pas le tout que de se faire une réputation, il faut la soutenir; et, à cet égard, le public et les amateurs sont bien plus exigeants que dans les autres nations... »

96. ROIS DE FRANCE. Trois lettres signées.
    HENRI III. Paris, 1588, 3/4 de p., in-fol. — Louis XIII, 1617,
1 p. in-fol.. — LOUIS- PHILIPPE. Lettre close, 1836, 1/2 p. in-4

97. ROSSINI, compositeur illustre.
    L. aut. sig., en italien, à M. Calegari, 2 p. 1/2 in-8.

98. SAINT-LAMBERT, poète et philosophe, de l'Académie française.
    L. aut., à son *cher Panpan* (M. Devaux). Affracourt, 1740, 1 p.
1/2 in-4. *Jolie lettre.*

99. SCOTT (WALTER), illustre romancier anglais.
    L. aut. sig.. en anglais, 1 p. pl. in-4. Cachet. *Belle pièce.*

100. SÉMONVILLE (HUGUET, marquis de). diplomate pendant la révolution, retenu prisonnier en Autriche en
1795, puis sénateur et pair.
    L. aut. sig., à Mlle Cochelet. Paris, 23 sept. 1810, 4 p. pl. pet.
in-4. *Jolie lettre.*
    On veut le perdre dans l'esprit de la reine Hortense, et cependant per-
sonne plus que lui n'est dévoué à cette princesse. Le lendemain d'un grand
événement (le divorce de Napoléon), il en etait si affecté, qu'il est resté ren-
fermé chez lui avec MM. Montalembert et Lavalette. Durant dix ans de faveur,
il n'a pas mis deux fois les pieds chez la reine ni à la Malmaison. « Je respecte
beaucoup les princes, je me permets d'en aimer quelques-uns, mais je les vois
tous le moins que je puis... »

101. SEVIGNE (Mme de), célèbre épistolaire.
    Fin de lettre aut., de 10 lig., 1/2 p. in-4.

102. SIMIANE (la marquise de) poète et femme d'esprit,
petite-fille de Mme de Sévigné.
    L. aut., 3 p. 1/3 in-4. Cachet. Une déchirure dans l'angle infé-
rieur du second feuillet, emportant une partie du texte.

103. STEPHANIE (la princesse), grande duchesse de
Bade.
    L. aut. sig., à Mlle Cochelet. Manheim, 23 Juin, 2 p. 1/2 in-8.

104. LE MEME.
    L. aut. sig., à M. Parquin. Manheim, 6 février, 1 p. in-8.

105. TALLEYRAND, illustre diplomate.
    L. aut. sig. *Tal.*, à M. Dupertuys, 1 p. in-8. — L. sig., 3/4 de
p. in-8.

106. THIERS (ADOLPHE), homme d'État et historien.
    Deux L. aut. sig., à M. Cochelet, 1852 et 1845, 2 p. pl. in-8.

107. VIEILLEVILLE (le maréchal Fr. de SCÉPEAUX de),
illustre et modeste guerrier du XVIe siècle, mort em-
poisonné.
    L. sig., avec la souscription aut., 1562, 1 p. in-fol.

108. WASHINGTON, fondateur et premier président de
la république des États-Unis.
    L. sig., en anglais, (à l'empereur des Turcs). New-York, 1er dé-
cembre 1789, 1 p. double in-fol.
    Belle pièce historique. — Il envoie à l'empereur la constitution des Etats-
Unis, et l'assure que les travaux nécessités pour l'organisation de la république sont la seule cause qui a empêché le gouvernement de lui écrire.
Témoignages de bonne amitié. Espoir de voir bientôt les Etats-Unis assez

prospères pour venir en aide à leurs alliés. « Notre territoire ne possède ni mines d'or ni mines d'argent, et cette jeune nation, à peine sortie d'une longue et désastreuse guerre, n'a pas encore eu le temps d'acquérir des richesses par l'agriculture et le commerce ; mais notre sol est excellent et notre peuple industrieux ; nous pouvons nous flatter de devenir un jour utiles à nos amis. »

109. WELLINGTON (le duc de), feld-maréchal anglais.
L. aut. sig., en anglais. Londres, 1830, 3/4 de p. in-8.

---

110. LOT D'ENVIRON 100 PIÈCES.

RENOU et MAULDE, imprimeurs de la Compagnie des Commissaires-Priseurs,
rue de Rivoli, 144.   10366